M. REBATTU

LE RÉGIME FORESTIER

DE L'ALGÉRIE

(Extrait du Bulletin de la Réunion d'Études Algériennes.)

PARIS

12, GALERIE D'ORLÉANS, 12

(PALAIS-ROYAL)

LE RÉGIME FORESTIER

DE L'ALGERIE

PAR

M. REBATTU

(Extrait du *Bulletin de la Réunion d'Etudes Algériennes.*)

PARIS

12, GALERIE D'ORLÉANS, 12

(PALAIS-ROYAL)

LE RÉGIME FORESTIER

DE L'ALGÉRIE

CONSIDÉRATIONS GÉNÉRALES

Si on se reporte aux documents officiels, les forêts de l'Algérie couvrent une superficie de 3,247,692 hectares dont 2,503,336 hectares administrés par le Service des Forêts ; le surplus, soit 744,356 hectares, est placé sous la surveillance de l'autorité militaire ; 2,498,612 hectares appartiennent à l'Etat ; 280,685 aux communes et 468,495 à des particuliers. Les forêts de Chênes-Liège ont une étendue de 453,820 hectares ; elles constituent le plus intéressant des peuplements, celui dont nous allons nous occuper plus spécialement. Viennent ensuite celles du Chêne-Zéen (53,826 hectares); Cèdre (37,910 hect. ; Pin d'Alep (811,055 hectares); Chêne-Vert (738,076 hectares) ; Pin Maritime (5,391 hectares); Thuya (157,766 hectares). L'exploitation de ces diverses essences nécessitera, et pour toujours, des dépenses bien supérieures à leur revenu.

Le domaine forestier de l'Algérie a été constitué par l'application de la règle posée par le droit musulman, que : « Toute terre non vivifiée par la culture est une terre sans maître. »

En vertu de ce principe, on a incorporé dans le domaine de l'Etat, non seulement les forêts et les territoires couverts de boisements susceptibles d'être utilisés, mais des broussailles qui n'auront jamais de forêt que le nom, dont le maintien sous le régime forestier n'intéresse ni la préservation des pentes montagneuses, ni la conservation des sources. Ces prétendues forêts ne couvriraient, à aucun moment, les frais qu'il faudrait faire, tant pour les garder que pour créer la viabilité nécessaire à leur exploitation.

Des commissions chargées de la délimitation s'occupèrent du cantonnement des droits d'usage et constituèrent un domaine communal ; elles reconnurent l'existence des forêts appartenant à des particuliers ; ces dernières s'accrurent, en 1870, des 152,411 hectares de forêts de chênes-liège vendues aux concessionnaires, par application du décret du 2 février 1870.

Tel est le domaine forestier de l'Algérie ; remarquons, toutefois, que tant qu'une reconnaissance appuyée sur plans précis, n'aura pas été faite, la superficie que nous avons indiquée ne pourra pas être considérée comme exacte. Quoi qu'il en soit, il ne suffit pas d'avoir constitué un domaine forestier qui occupe près du cinquième de la région méditerranéenne de l'Algérie ; il faut se préoccuper de son administration, de sa mise en valeur, et, tout particulièrement, de son appropriation aux besoins d'un peuple pasteur.

I

Administration des forêts algériennes. — Funestes conséquences du système des rattachements.

Les forêts algériennes sont soumises au régime forestier et surveillées par des agents du service des forêts, à l'exception des massifs que le Gouverneur général a dû soustraire, ainsi qu'il est dit plus haut, à l'action de ce service, pour des raisons d'ordre politique et toutes situées d'ailleurs en territoire militaire.

Le service forestier de l'Algérie a été rattaché au Ministère de l'Agriculture par le décret du 26 août 1881.

Certaines attributions semblent être déléguées au Gouverneur général qui peut donner son avis, sur toutes les questions intéressant le service ; mais c'est au Ministre que la solution est réservée.

Le personnel prévu pour 1900 se compose de trois conservateurs (un par département), de quinze inspecteurs, de dix-neuf inspecteurs-adjoints, de ving-six gardes généraux, de huit cent huit brigadiers et gardes du service actif et du service sédentaire et enfin de deux cents préposés indigènes, interprètes et chaouch.

Au nombre des travaux qui incombent exclusivement au service forestier, figurent les constructions de maisons forestières ; les travaux de démasclage des forêts de chênes-liège, etc.; mais il est bien évident que pour la plupart des travaux destinés à la mise en valeur du domaine forestier, les plus importants, ceux qui entraînent la dépense la plus considérable, ne peuvent être exécutés qu'après un concert préalable entre l'Administration des Forêts et les Administrations locales.

Ce n'est pas seulement, en effet, les travaux en forêt qui sont indispensables pour rendre possible l'exploitation des massifs boisés de l'Algérie. D'autres dépenses sont nécessaires.

Tous les moyens de communication, chemins, routes, voies ferrées, doivent être conçus de façon à concourir au même but. La mise en valeur des forêts d'Algérie est une forme de la colonisation ; elle ne saurait, pas plus que les autres modes de colonisation, être négligée par le Gouverneur général qui est l'agent chargé plus spécialement de cette œuvre.

Le chef de la colonie devrait avoir sur le service des Forêts une certaine autorité, si restreinte qu'elle soit : il n'en a aucune.

M. Tirman, qui avait voué sa grande intelligence à la défense des véritables intérêts du pays, en a fait la triste expérience ; il s'est constamment heurté, dans les affaires de la plus minime importance, à des résistances insurmontables.

Les attributions du Gouverneur en matière de forêts ne sont pas suffisamment étendues. C'est de là que vient tout le mal.

La question des forêts est une question agricole, partant, essentiellement coloniale.

C'est ce que l'Administration forestière n'a jamais voulu admettre. De là ce perpétuel conflit entre elle et le Gouvernement général. Elle n'a jamais voulu se persuader comme le dit M. Le Moigne « qu'elle n'était plus en France, mais en Algérie et en pays arabe ».

« Tout ce qu'on a pu écrire ou dire, poursuit l'honorable rapporteur du budget, depuis les plus pauvres musulmans, depuis les plus humbles colons, jusqu'à la grande voix, jusqu'à la plume éloquente de Jules Ferry, tout a été inutile. L'administration forestière a continué à vivre de sa vie propre, suivant rigoureusement la règle qu'elle s'était tracée, appliquant dans des conditions stupéfiantes pour un observateur désintéressé des prescriptions salutaires en France et inutiles, le plus souvent délétères, dans un milieu si différent. Et bien que protégée par la Législation ou plutôt par l'absence de législation spéciale, l'administration s'est empressée de se dérober aux volontés du Parlement lorsque les rattachements ont été supprimés, de crainte de voir se produire une immixtion quelconque dans sa tradition et son organisation bien fermée.

« Comme chaque administration, en somme, agit, à l'heure qu'il est, à peu près à sa guise, lorsqu'une intervention personnelle [et persévérante du Ministre ne se produit pas, le Ministère de l'Agriculture, quand il s'agit de préparer un décret déterminant les nouveaux pouvoirs du Gouverneur Général a fait, sans contradiction et sans discussion possible, signer au Président de la République, le 19 mars 1898, un dé-

cret qui n'a à peu près rien, changé au régime des rattachements. »

Nous ne citerons que quelques unes de ces dispositions :

L'article 1er vise uniquement le personnel et dispose que des
agents et des préposés du cadre *métropolitain* sont mis, sur sa
demande, à la disposition du Gouverneur général de l'Algérie.

L'article 3 concède à ce haut fonctionnaire la faculté de décider de toutes les mutations et de prononcer toutes les mesures
disciplinaires autres que celles concernant des agents propre-
ment dits : il peut punir les gardes et les brigadiers, révoquer
les gardes forestiers indigènes qui appartiennent au cadre alge-
rien, mais là se bornent ses attributions.

Qu'un agent se rende impossible, que survienne un désac-
cord entre lui et un administrateur, ce qui peut avoir de sé-
rieuses conséquences et entraîner les indigènes jusqu'à la ré-
bellion, le Gouverneur général, seul responsable, ayant le
souci des obligations que l'intérêt de la politique de son gouvernement lui commande, est obligé d'en référer à Paris, sans
être certain, bien entendu, qu'il sera tenu compte de ses observations.

Pour ce qui touche au service général des forêts, le Gouverneur n'a que le droit de saisir le Ministre et c'est celui-ci qui
statue dans toutes les affaires dont suit la désignation :

Modifications à la législation et questions de principe de toute
nature.

Soumission, distraction ou déclassement du régime forestier.

Homologation des procès-verbaux de délimitation. — Echan-
ges.

Aménagements, règlements d'exploitation. — Coupes extraor-
dinaires ;

Approbations des cahiers des charges ;

Règlement. — Aménagement. — Cantonnement ou rachat
de droits d'usage ;

Concessions de forêts à titre définitif ou temporaire. — Rem-
boursements, exonérations et remises de prix de vente ou de
location ;

Défrichement des bois des communes ou établissements
publics ;

Opposition définitive au défrichement des bois particuliers ;

Transactions sur délits de défrichement ;

Désistement en cas d'appel ou de pourvoi formé par le service
forestier.

L'article 7 réserve au Ministre, après instruction sur place
par le Gouverneur général, la préparation et le contreseing
des projets de loi et décrets se rapportant aux affaires ci-dessus
mentionnées.

Il n'est que juste d'ajouter qu'en vertu de l'article 8 et dernier, le Gouverneur général, en ce qui concerne les affaires non désignées par l'article 6, exerce toutes les attributions dévolues au ministre de l'agriculture.

On chercherait vainement un seul acte d'administration où puisse s'exercer l'initiative du Gouverneur général.

Or, il est évident que si le contrôle, la Direction générale à donner au service forestier de l'Algérie, peuvent être exercés de Paris, l'Administration des forêts algériennes ne saurait être bien placée qu'à Alger. On conçoit aisément, en effet, que le service des forêts apporte dans l'examen des questions relatives aux forêts de notre colonie l'esprit qui prévaut lorsqu'elle a à s'occuper de nos forêts métropolitaines.

II

Constitution du domaine forestier.

Au point de vue même de la constitution du domaine forestier, peut-on établir une assimilation entre les forêts de l'Algérie et les forêts de la France ?

Ici, des forêts aménagées, mises en coupes réglées, dont le caractère forestier ne saurait être contesté ; là bas, à côté des massifs bien boisés, dont la conservation est plus qu'ailleurs nécessaire, des broussailles rabougries couvrant des plaines fertiles, imposant au service forestier des dépenses qui resteront toujours sans compensation et qu'il faut distraire du domaine forestier, pour les livrer aux colons, qui, eux, en tireront parti comme ils ont tiré parti des terres qu'ils ont conquises sur le palmier nain et le jujubier sauvage. Cette nécessité est reconnue, mais pense-t-on qu'il existe un service, quel qu'il soit, qui, livré à lui-même, consente à ces amputations volontaires ? D'ailleurs, est-il admissible que le haut fonctionnaire qui a la charge du développement de la colonisation ne puisse pas provoquer la désaffectation d'une parcelle de broussailles pour augmenter la superficie des terres de culture d'un village européen ou pour soustraire un douar indigène aux innombrables procès-verbaux qu'il encourra nécessairement à moins de tenir son bétail muselé.

Depuis un grand nombre d'années, cet état de choses a été signalé à l'attention du Parlement à l'occasion de la discussion du budget.

Il ne se passe pas une session du Conseil supérieur ou des Conseils généraux des trois départements sans que leurs commissions demandent avec instance, sans se laisser décourager par l'insuccès de leurs réclamations, que le Service des Forêts abandonne, pour faire retour à la Colonisation et servir au peuplement, d'immenses étendues de terrain qu'il détient et au milieu desquelles végètent de rares broussailles, causes de procès-verbaux sans fin dressés contre les indigènes pour délits de pâturage.

Déjà dans la session de novembre 1886 du Conseil supérieur du Gouvernement, parlant au nom de la troisième commission dont il était rapporteur, le général Ritter, commandant la division de Constantine, signalait en ces termes le mauvais vouloir apporté par le Service des Forêts aux revendications les plus légitimes du Gouvernement d'Alger et des Pouvoirs publics; il s'exprimait ainsi :

« Votre troisième Commission a tenu à cœur d'appeler une
« fois encore votre attention sur la question des terrains à dis-
« traire du périmètre forestier, tels qu'ils sont acceptés à ce
« jour. Vos efforts, à ce sujet, étant restés stériles, elle croit
« revenir et insister sur l'urgente nécessité de cette mesure,
« car c'est dans les résultats de cette opération largement
« conçue et préparée, rapidement et consciencieusement exé-
« cutée, que se trouve, à son avis, la satisfaction des besoins
« les plus impérieux du moment.

« Pensez-vous devoir vous laisser longtemps rebuter par les
« difficultés opposées à la solution de ce desideratum déjà
« exposé l'année dernière? Il faut, à tout prix — dit-on — des
« bras à l'Algérie ! Vous ne les obtiendrez sûrement et vite qu'à
« la condition de leur offrir des terres à défricher et à cultiver.
« Or, il est bon de se le rappeler, ces espaces inutiles et impro-
« ductifs que vous revendiquez à si juste titre, constituent un
« surcroît de charges que l'Administration forestière ne peut
« supporter; ils entraînent la justification apparente d'un per-
« sonnel qui serait si bien employé sur des points autrement
« importants à surveiller et à faire valoir; ils ne remplissent
« aucune des conditions voulues pour être qualifiés de forêts
« ou pour servir à l'utile aménagement des eaux.

« Vous devez donc pouvoir les mettre à la disposition de
« l'Algérie colonisante, car ils sont votre espoir suprême, afin
« de doubler, de tripler au plus tôt votre population euro-
« péenne.

« Sur les trois millions d'hectares environ, dont se compose
« le Domaine forestier, le tiers à peu près, soit un million, est
« senatus consulté ou régulièrement constitué par des arrêtés.
« C'est sur ce groupe indiscutablement acquis, aujourd'hui, à
« l'Etat, que doivent s'exercer vos revendications...

. . . .

« Plus tard, lorsque le Service forestier, plus activement
« sollicité encore, procédera à la délimitation définitive des
« deux autres millions d'hectares qu'il compte dans son domaine
« actuel, il vous sera possible, n'en doutez pas, d'acquérir de
« nouvelles ressources pour faire face à de nouveaux besoins.

« Votre troisième Commission vous demande donc d'obtenir

« qu'une commission soit rapidement constituée et qu'elle soit
« composée de délégués des corps élus, de représentants de
« l'Administration et à titre consultatif, d'agents du Service
« des Forêts.

« Nous vous proposons de réclamer avec fermeté ce résultat.
« Elle vous prie de ne pas admettre que vos instances, appuyées
« par Monsieur le Gouverneur Général, au sujet de cette ques-
« tion capitale, demeurent de nouveau sans solution définitive
« et non conforme à vos vœux.

— « Vous pourriez, ce nous semble, si toutefois cela vous
« paraissait utile et convenable, intéresser directement nos
« représentants à votre cause. Ils s'empresseraient, nous en
« sommes convaincus, d'avoir raison, devant le Parlement, des
« résistances, un peu trop systématiques, qui, jusqu'ici, ont
« accueilli vos justes revendications. »

III

Le service forestier et les Indigènes.

Mais c'est surtout dans la grosse et difficile question des
rapports avec les indigènes que la constitution d'un service
forestier indépendant, ou à peu près, de l'organisme gouver-
nemental, est une lourde faute. N'est-ce pas le gouvernement
central qui, en définitive, a la responsabilité de la politique
qu'il s'agit de suivre à l'égard de nos sujets musulmans?

Dans un pays où le domaine forestier est grevé de droits
d'usage traditionnels dont nous avons reconnu la légitimité,
où existent des enclaves sans nombre, mises en culture et
habitées par les indigènes, l'application stricte d'un code forestier (1), fait pour des populations radicalement différentes,
pour des situations qui n'ont aucune analogie, produit des
conséquences sur lesquelles on ne saurait trop appeler l'attention.

Les délits forestiers que commettent les indigènes sont généralement des délits de pâturage. Quelquefois les Arabes écor-
cent un chêne pour se procurer du tan nécessaire à la préparation des peaux qu'ils emploient; parfois ils enlèvent des canons
de liège pour la confection de leurs ruches à miel.

Les préposés forestiers qui ont à garder des étendues consi-

____

(1) Sur le rapport de l'honorable M. Saint-Germain, alors député
d'Oran, la Chambre a adopté un projet de Code Forestier pour l'Algérie.
Il est à désirer que ce projet puisse être soumis, aussitôt que possible,
aux délibérations du Sénat.

dérables, qui, souvent même, ne résident pas sur le territoire qu'ils ont à surveiller, constatent le délit longtemps après qu'il a été commis. S'ils trouvent, en forêt, une bête égarée, ils se mettent en quête du berger et font conduire le bétail en fourrière ; ils s'enquièrent du nom du propriétaire et de sa résidence.

Invariablement, il faut le dire, le berger donne de fausses indications. Procès-verbal est dressé. L'Arabe mis en cause essaie, d'ordinaire, de transiger directement avec le garde et d'arrêter ses poursuites par le don d'une poule, d'un mouton, voire même par l'offre de quelques douros.

Si le préposé accepte, et c'est ce qui peut arriver de plus heureux pour le délinquant, ou prétendu tel, l'affaire en reste là.

C'est ainsi qu'il n'est pas rare, après la tournée d'un préposé forestier, de rencontrer une bande d'indigènes se rendant à la maison du garde pour essayer de fléchir ses rigueurs. Ils n'y réussissent pas aussi souvent qu'ils le disent, car le personnel de ces humbles serviteurs de l'Etat compte des hommes de devoir inaccessibles à la corruption ; mais, comme le constate M. Burdeau dans son rapport sur le Budget de l'Algérie, combien il en est parmi ces préposés, dont l'Administration métropolitaine s'est débarrassée en les envoyant en Algérie, et qui continuent, sur le sol africain, en les exagérant encore, les pratiques qui leur ont valu une première disgrâce ?

Les gardes-forestiers pourraient d'ailleurs se contenter de la part bien trop considérable qu'ils ont sur les amendes, ce qui semblerait indiquer que le principal de l'amende est hors de proportion avec l'importance des dégâts commis.

Mais l'amende elle-même n'est rien à côté des frais auxquels donne lieu la procédure suivie en pareil cas. Qu'un procès-verbal soit dressé contre un indigène pour avoir laissé pâturer en forêt, ou simplement parce qu'une seule de ses bêtes s'y sera égarée, ce procès-verbal sera notifié le plus souvent par un papier remis au Cheik, lequel se décharge sur un autre indigène du soin de le transmettre au contrevenant ; la citation en justice suivra la même voie, et il arrivera le plus souvent que l'indigène cité ne sera touché que trop tardivement ; le jugement rendu par défaut devient bientôt définitif et le coupable se voit condamné à payer, outre le principal de l'amende, des frais énormes, qui ne descendent guère au-dessous de trois cents à quatre cents francs.

Ce chiffre exorbitant n'a rien d'anormal, si l'on considère la série d'actes faits par des huissiers habitant au chef-lieu de canton le plus rapproché, c'est-à-dire à une distance qui n'est jamais moindre de 35 à 50 kilomètres.

Si l'indigène demande à transiger à ce moment, sa demande est généralement accueillie ; on lui fait remise des neuf dixièmes de l'amende ; mais le montant des frais est irréductible et toujours exigé. En voilà assez pour le ruiner et le réduire à la misère, car l'avoir de l'indigène, celui de sa famille, consiste, dans bien des cas, en un mulet, une vache, dix ou douze moutons ou chèvres, souvent bien moins encore; il faut vendre tout cela pour subvenir aux frais de la condamnation.

C'est par ces procédés, nous ne saurions trop insister sur ce point, que l'on a ruiné la plupart des indigènes habitant près des forêts. Aussi qu'est-il arrivé?

Les forêts, que les indigènes ne traversent plus guère qu'en tremblant, sont préservées des troupeaux ou des déprédations que les Arabes ou les Kabyles y commettent; mais, en revanche, elles sont exposées à un danger mille fois plus sérieux, à l'incendie allumé par la malveillance de miséreux qu'exaspèrent les tracasseries dont la forêt est le prétexte; et cependant la forêt est nécessaire à l'indigène.

« C'est encore l'application des articles relatifs au pâturage, disait l'honorable M. Jonnart, dans son remarquable rapport sur le Budget de l'Exercice 1893, qui donne lieu au plus grand nombre de contraventions, d'amendes et de criantes injustices.

« Elle est absolument incompatible avec les mœurs des indigènes, les conditions particulières où ils vivent.

« En vain fait-on appel à la clairvoyance des agents, sinon à leur pitié. En vain leur montre-t-on les herbes qui s'amassent et grandissent sous bois, les broussailles qui encombrent la forêt, les vastes foyers d'incendie qu'ils préparent et entretiennent par leurs rigueurs.

« Pénétrés de la lettre du Code, ils restent généralement inflexibles, et aux humbles requêtes de 500.000 indigènes rejetés sur les mauvaises terres voisines des forêts par le séquestre de 1871, par les effets de la loi de 1873, par la progression constante de la colonisation, qui s'approprie peu à peu les meilleures terres, à ces misérables que nous avions mission d'amener sans secousses violentes à la civilisation moderne, ils répondent par l'application brutale de la plus dure de nos lois. »

A l'appui de ces observations, voici un fait qui vous montrera comment se comporte l'administration forestière à l'égard des indigènes. Nous l'empruntons à un rapport de M. Bouvagnet, conseiller du Gouvernement (séance du 11 février 1898).

En vertu du sénatus-consulte du 22 avril 1863, il fut procédé, en 1867, à la délimitation du territoire de la tribu des Ghribs (cercle de Médéah).

Un décret du 15 janvier 1868 homologua ce travail de délimitation.

Le rapport à l'Empereur qui précéda le décret, explique que le Domaine avait présenté quatre revendications en suite desquelles le litige fut réduit à une superficie de 815 hectares 76 ares. Pour tout concilier, ces parties forestières — ajoute le rapport — furent constituées en bois communaux soumis au

régime forestier, combinaison facilitée d'ailleurs par l'acquies-
cement des indigènes qui firent régulièrement abandon de leurs
droits à la Djemaa.

Il résulterait donc de ce décret que les seuls terrains en litige, 815 hectares 76 ares, seraient soumis au régime forestier
comme Bois communaux et serviraient de terrains de parcours
à la tribu.

La situation était bien nette : l'Etat était lié, il ne pouvait
revenir sur le fait accompli. Détrompez-vous.

Cinq ans après, en vertu de la loi du 26 juillet 1873 qui ne
pouvait fournir l'occasion à l'Administration d'autres reprises
sur les indigènes que celles autorisées par l'article 539 du Code
civil (biens vacants), application est faite de la loi dans le Douar
des Ghribs. Elle a eu pour résultat de faire entrer dans le
Domaine de l'Etat quatre-vingt douze parcelles de terrain d'une
contenance de 1.892 hectares 82 ares 50 centiares, que la Commission chargée des opérations avait reconnu n'appartenir à
aucun propriétaire.

Pourtant, loin d'avoir diminué, la population des Ghribs de
3.768 habitants en 1868, était quelques années plus tard de
4.120.

L'attribution au Domaine de ces 68 parcelles était injuste,
impolitique, bien faite pour inspirer aux indigènes le mépris
des agents d'un Gouvernement qui ne tenait aucun compte de
ses engagements.

Ces terrains sont restés domaniaux.

En 1891, la commune mixte des Djendel, dont fait partie le
Douar des Ghribs demande à l'Etat la concession de 371 hectares, afin de les utiliser en terrains de parcours pour une population de 4.131 habitants possédant dix mille têtes de bétail.
815 hectares étaient évidemment insuffisants. De plus, ces communaux étant boisés étaient soumis au Régime forestier et in-
terdits aux troupeaux.

En l'état des choses, les indigènes s'entendirent pour affecter
au parcours une partie de leurs propriétés privatives. Ces parties cessant d'être cultivées se reboisèrent, mais le service forestier, non content de s'opposer à ce que cette concession soit
faite à la commune, demande que les bois en question restent
domaniaux et soient placés sous le régime forestier.

Le Domaine émet un avis favorable aux forêts.

Le préfet, au contraire, se prononce dans le sens des désirs
de la commune. Quoique la demande de soumission au Régime
forestier soit restée en suspens depuis cette époque, en fait, en
vertu de la présomption légale tirée du Code forestier, le service
des forêts a agi comme si la question avait été jugée et a dressé
nombre de procès-verbaux contre les indigènes qui, forts de
leurs droits, se croyaient à l'abri de poursuites

Le Conseil — ajoute M. le conseiller de Gouvernement, com-

prend combien des actes de cette nature sont faits pour irriter
les populations contre notre autorité; il ne s'agit pas de faits
isolés, ils sont nombreux; nombreuses sont les exagérations de
zèle qu'on peut reprocher à un service composé de gens dis-
tingués, mais trop portés à se considérer comme les maîtres
d'une grande partie du pays.

Le Conseil de Gouvernement a adopté la conclusion de son
rapporteur, tendant à provoquer des mesures destinées à mettre
fin aux réclamations constantes du service des forêts et à la
reprise du projet de concession de terrain de parcours à la commune. Nous ignorons où en est aujourd'hui la question ; de toute
façon, pendant nombre d'années, le Douar des Ghribs aura été
privé de la jouissance de son vieux et de son incontestable droit
de parcours sur des terrains qu'il avait eu le tort de laisser re-
boiser, que le service forestier n'aurait pas songé un seul instant
à revendiquer ou à s'en emparer, si les Douars qui en étaient
régulièrement propriétaires les avaient fait disparaître par abus
de pâturages, au lieu de maintenir le terrain à l'état de bois en
même temps que de parcours.

Combien pourrait-on citer d'exemples d'agissements analo-
gues!

Déjà, en 1893, M. Jonnart, rapporteur du budget, à l'occa-
sions des conflits permanents qui surgissent entre l'Administration algérienne et les agents des forêts, citait le cas des tribus des Ouled-Ellal et des Ouled Antu, du cercle de Boghari,
qui ont été frappées en 1891 de plus de 200,000 francs d'amende
pour avoir cultivé un terrain sénatus-consulté en 1867 et dé-
claré litigieux entre l'Etat et la tribu. Jusqu'en 1890, le service
des forêts avait respecté l'usage immémorial qui permettait à
ces tribus la culture de certaines enclaves. En 1891, malgré les
justes observations de l'administrateur de la commune mixte,
des procès-verbaux ont été dressés qui ont entraîné la condamnation que nous venons de mentionner.

Si l'on veut que l'Arabe puisse conserver les troupeaux, unique
ressource du nomade qui, pour le Tellien sédentaire est l'ap-
point nécessaire d'une récolte inconstante, il faut que les forêts
soient livrées au pâturage au moins pendant les chaleurs de l'été ;
bien entendu, suivant des conditions déterminées et pouvu que
les parties de forêt livrées au pacage soient défensables.

La forêt, ainsi comprise, cessera d'être l'ennemi pour l'indigène et deviendra l'auxiliaire indispensable; loin d'en pour-
suivre la ruine, il la conservera, pourvu d'ailleurs qu'une surveillance suffisamment efficace soit exercée sur ses agissements
et qu'il sache bien que le moindre abus peut amener le retrait
d'une tolérance dont, nous ne saurions trop le répéter, il appré-
ciera mieux que personne la valeur.

L'Arabe, en effet, est placé, si l'on maintient le régime actuel,
dans l'alternative de renoncer à l'industrie pastorale qui est sa

principale ressource, ou de s'exposer à toutes les rigueurs du Code forestier encore en vigueur aujourd'hui.

Comment, lorsqu'il a ensemencé les maigres terres qu'il détient, lorsque, l'été venu, il a fait sa récolte, pourra-t-il entrenir ses troupeaux, s'il n'a pas la faculté de les faire pâturer en forêt?

On nous dit que les autorisations de parcours dans les bois domaniaux sont généralement octroyées. C'est très contestable. Il est défendu à l'indigène de laisser pénétrer ses bêtes dans les cantons incendiés depuis moins de six ans, ce qui, pour un très grand nombre de douars équivaut à une interdiction absolue : il est rare, d'ailleurs, qu'un Arabe misérable, sans crédit, sans influence, ait le bénéfice d'un permis de parcours, faveur réservée, le plus souvent, à certaines collectivités, nous pourrions dire, aujourd'hui, à des syndicats.

Le pâturage en forêt est d'ailleurs utile, non seulement, si l'on se place au point de vue de l'effet moral à produire sur les indigènes et des avantages que ces derniers peuvent en retirer; mais aussi au point de vue de la conservation de la forêt elle-même.

L'interdiction du pâturage ne sert qu'à constituer d'inextricables halliers; les forêts sont envahies par une végétation parasite qui offre un aliment facile à l'incendie et propage le feu avec une rapidité inouïe.

Que l'on fasse en forêt, par recépage, comme cela se pratique, des tranchées destinées à isoler les cantons les uns des autres, afin d'atténuer les risques de propagation des incendies, la végétation y reprend avec une vigueur incomparable; en moins de deux ans, la tranchée se recouvre de dyss, de bruyères et de lentisques qui, au moment des fortes chaleurs, un jour de siroco, offriront à l'incendie un aliment essentiellement inflammable et établiront le trait d'union entre les parties de forêts que l'on aurait cru préserver.

En Tunisie, le délit de pâturage n'existe que dans les parties incendiées qui sont interdites au parcours pendant six ans.

Partout ailleurs, sauf dans les coupes de chênes-zéen, il est toléré et maintenu.

Mais pour appliquer un programme il faut, sinon que le personnel ait une autre origine, une autre organisation que le personnel forestier de la Métropole, du moins, que la pensée dirigeante, que l'Autorité supérieure, de qui viendra l'impulsion et l'orientation du service, soit déterminée par des considérations dont les Services métropolitains n'ont pas à s'inspirer.

Or, peut-on espérer que ceux qui dirigent le service forestier en France, vivant loin de l'Algérie et n'en connaissant que très imparfaitement les besoins, sauront se plier aux nécessités spéciales à ce pays, qu'ils ne seront pas tentés, par cette manie d'uniformité qui est une des caractéristiques de notre génie national, d'appliquer la règle inflexible, sans les exceptions que nous croyons avoir suffisamment justifiées?

Ici encore, on peut le dire, l'expérience est faite. Depuis que, par la regrettable mesure des rattachements datant de 1881, et qui n'a pas été rapportée, le Service forestier en Algérie a été placé sous les ordres directs du Ministère de l'Agriculture, la grande préoccupation de ce Ministère parait avoir été de clouer ce service sur le lit de Procuste de la réglementation métropolitaine, sans tenir compte des usages séculiers des indigènes et même de leurs besoins les mieux constatés. Il semble s'être appliqué en outre à paralyser l'Administration des forêts algériennes, alors que cette Administration ne peut être dirigée que sur place.

<h2 style="text-align:center">IV</h2>

L'Exploitation des forêts et particulièrement des forêts de chênes-liège.

Les forêts peuplées d'essences autres que celles de chênes-liège, celles de chênes zéen notamment, seraient susceptibles de produire, si elles étaient aménagées et rendues accessibles, des bois d'œuvre, des bois de chauffage, du charbon, des écorces de tan.

Chaque année, l'Administration essaie vainement de mettre en vente les coupes qui peuvent donner ces produits. La principale, pour ne pas dire l'unique cause de ces échecs, est l'absence de voies de communication permettant le transport des bois, etc.

Il en résulte que l'Algérie tire de l'étranger les bois et jusqu'au charbon dont elle a besoin et que ses forêts devraient lui fournir. Les traverses de chemins de fer employées par les Compagnies algériennes viennent plus facilement et à meilleur marché de la Hongrie, que des massifs boisés où le chêne-zéen meurt sur place, de vieillesse. Une traverve est achetée, rendue en gare d'un chemin de fer, 4 francs à 4 fr. 25; or, le poids d'une traverse de chêne d'Algérie dépasse 80 kilos; c'est à grand'peine si un mulet peut en porter deux de la forêt à la gare la plus voisine; le trajet aller et retour exige, le plus souvent, deux jours; cela met le prix du transport de chaque traverse à 2 francs au moins; si l'ont joint les dépenses de façon, le débardage de la forêt jusqu'au point de chargement, les pertes à supporter pour rebuts, déchets, etc., l'adjudicataire d'une coupe, si réduit que soit le prix de l'adjudication, ne peut pas rentrer dans ses frais.

Supposons, au contraire, qu'une route desserve la forêt; les frais de transport seront immédiatement réduits de 75 0/0, et l'exploitation, loin d'être constituée en perte, pourra payer une redevance assez élevée et même réaliser un bénéfice. Quant aux forêts, elles y gagneront; on pourra aisément les débarrasser du matériel dépérissant qui les encombre, en un mot, les aménager.

Le défaut de viabilité empêche encore les particuliers et l'Etat d'entreprendre le nettoiement des forêts, puisque les produits que l'on pourrait retirer de cette opération (charbon, fagots, bois de chauffage), ne peuvent pas être écoulés. L'enlèvement de ces menus produits imposerait, en effet, des sacrifices énormes sans compensation : il en résulte que les forêts restent exposées à tous les risques d'incendie que favorise l'envahissement des parties boisées par une végétation parasite.

Cette situation est particulièrement désastreuse pour les forêts de chênes-liège, qui sont détruites lorsque l'incendie se produit peu après le démasclage, alors que l'arbre, n'étant plus protégé par sa cuirasse de liège, est livré sans défense à l'action du feu.

On le voit, les voies de communication ne sont pas moins nécessaires pour la conservation des forêts que pour leur mise en valeur.

Mais qui se chargera de l'établissement du réseau de routes indispensables pour desservir le vaste domaine forestier de l'Algérie?

Ce domaine est situé dans des régions souvent inaccessibles, loin de tout centre de colonisation. Ni les départements, ni les communes n'auront intérêt à s'imposer d'une somme, si minime soit-elle, pour créer les chemins qui serviront à exploiter les forêts de l'Etat.

On conçoit aisément que les départements, qui ont encore tant de chemins à construire, qui peuvent à peine suffire à l'entretien de ceux qu'ils ont construits, ne se préoccuperont guère de la viabilité à créer au milieu des régions boisées, habitées par quelques Européens dispersés à 20 ou 30 kilomètres les uns des autres et par une population indigène, intéressante, sans doute, mais qui ne prend pas part à la nomination des dispensateurs des ressources départementales.

Et cependant la création de cette viabilité répond tout autant à l'intérêt local qu'à un intérêt général. Nous pourrions citer telle région assez rapprochée de forêts domaniales où l'Administration possède des terres fertiles; où elle a projeté depuis longtemps de créer des centres de population, mais qu'elle ne peut songer, faute de route, à livrer à la colonisation.

Or, les routes à ouvrir en vue de la création de ces centres traverseraient des massifs boisés et serviraient ainsi à une double fin, au peuplement du pays et à la mise en valeur des forêts desservies.

C'est donc à l'Etat qu'incombera le soin d'établir les routes sans lesquelles il lui sera impossible de mettre en valeur les forêts qu'il détient. Ici se pose la question de savoir s'il est possible de confier à des services indépendants les uns des autres, agissant sans concert préalable, sans unité de vues, le soin de faire les travaux dont il s'agit.

La réponse à cette question n'est pas douteuse : que les agents des forêts restent chargés des chemins purement forestiers, des chemins de vidange, rien de mieux et nous n'avons rien à y objecter; mais il faut nécessairement que les voies d'accès, le tracé, la construction des routes d'un intérêt général qui traverseront ce domaine, soient concédés et exécutés d'après un plan d'ensemble et sous le contrôle de l'Administration des Ponts et Chaussées.

Avec des moyens forcément limités, des crédits insuffisnts, le service forestier ne pourrait que faire des pistes sans les travaux d'art indispensables, sans empierrement. Les pluies les transformeraient rapidement en fondrières impraticables; il ne pourrait pas les entretenir, moins encore obtenir des administrations locales restées étrangères au tracé et à l'exécution de ces routes, qu'elles soient incorporées dans les réseaux vicinaux et départementaux.

Nous voici donc ramenés, sur ce point particulier, à la nécessité de placer la haute direction du service forestier aux mains de l'Administration, chargée de centraliser tous les services à Alger et de leur donner une impulsion unique.

Libre d'entraves, le Gouverneur Général pourra obtenir des départements, des communes, des contingents à affecter aux routes desservant les forêts, parce que ces routes cesseront d'être uniquement faites en vue de l'utilité forestière.

Nous touchons à la question principale, celle des ressources à affecter à ce genre de travaux. Il est évident que la solution de cette question se trouve liée au projet de création d'un budget spécial pour l'Algérie.

Il ne saurait être question d'y affecter un crédit nouveau, aussi élevé qu'il le faudrait sur les fonds généraux du budget; mais ne serait-il pas possible de réaliser des économies sur certains articles du budget des forêts algériennes, sauf à augmenter d'autant le crédit des travaux?

Poussée par ce besoin d'uniformité que nous avons déjà eu l'occasion de signaler, l'Administration métropolitaine n'a pas cru qu'il fût possible d'administrer les forêts algériennes, sans les doter d'un personnel excessif, au moins pour certains grades.

Il est permis dès lors de se demander s'il ne serait pas préférable de chercher à réaliser des économies, en réduisant le nombre des agents.

L'étendue des forêts domaniales de Chènes-Liège, d'après l'évaluation officielle, est de 267,365 hectares; celle de bois d'autres essences est de 2,231,247 hectares. Ces dernières, qu'on ne peut songer pour le moment à exploiter, n'exigent qu'un nombre d'agents bien limité. Il n'y a là, il convient de le retenir, ni coupes à aménager, ni martelage d'arbres à abattre, ni estimation à opérer, en vue de la mise à prix d'une coupe qui ne trouverait pas d'adjudicataire.

Le besoin d'avoir un grand nombre d'agents ne se justifierait que par la nécessité de la reconnaissance du domaine forestier de l'Algérie ; mais nous voulons croire, qu'après cinquante années d'occupation, toutes les forêts du territoire civil ont été reconnues et dûment levées, et qu'il ne reste, à cet égard, que peu à faire.

Il serait logique de demander à l'impôt le moyen d'augmenter les ressources générales du budget; les propriétaires de forêts de chênes-liège devront s'y soumettre, comme tous les propriétaires fonciers, lorsque l'impôt aura été établi sur les immeubles ruraux ; mais il faudrait que cette mesure fût générale, car on ne saurait, sans injustice, les frapper sans frapper en même temps la propriété rurale sous toutes ses formes.

Leurs profits sont, en effet, moins assurés encore, s'il se peut, que ceux des colons qui se livrent à la culture du sol, puisqu'ils sont à la merci de l'incendie qui détruit non seulement la récolte présente, mais l'espoir de la récolte future pour une période très longue.

Or, le moment où l'on pourra grever la propriété rurale d'un impôt foncier paraît bien éloigné, eu égard aux facultés contributives de la plupart, pour ne pas dire de tous les colons algériens.

Cependant il est possible de faire état des produits à retirer de la location des clairières, de terrains incultes dont l'arabe saurait tirer profit et qu'il n'y a aucun intérêt à maintenir sous le régime forestier.

Il en est de même du droit de pâturage.

Cette redevance, calculée par tête de mouton ou de bœuf introduite en forêt, produirait d'importants revenus; elle ne paraîtrait pas trop lourde à l'Arabe puisqu'elle lui permettrait de conserver ses troupeaux à des époques où, le plus souvent, il est obligé de s'en défaire à vil prix.

En somme, tout le monde y trouverait son compte, aussi bien les indigènes que cette mesure sauverait dans bien des cas de la misère, que le Trésor.

L'exploitation des forêts de chênes-liège, dont nous nous occupons particulièrement, est soumise aux mêmes nécessités que les autres forêts; elle exige, avant tout, l'ouverture des voies de communications.

Mais l'exploitation de ces forêts se complique de difficultés spéciales sur lesquelles nous aurons à nous étendre.

Le chêne-liège est un arbre de moyenne grandeur; sa hauteur est de 11 à 12 mètres; il atteint parfois celle de 20 à 25 mètres; son écorce est formée de deux couches concentriques distinctes l'une de l'autre : l'une intérieure, attenante au bois, est la partie active, le *liber* de l'arbre; l'autre extérieure, plus épaisse, formée de matière spongieuse, très peu compressible est imperméable ; elle constitue le tissu subéreux ou liège.

Chaque année, la circulation de la sève dans le végétal crée une nouvelle couche de bois et une nouvelle couche d'écorce. Celle-ci s'accroît constamment avec l'arbre, y reste adhérente ; mais ce liège, qui prend dans le commerce le nom de liège mâle, n'a aucune valeur. Pour que le liège puisse servir aux usages industriels, il faut que la première écorce, appelée vierge, ou plus exactement mâle, ait été enlevée et qu'il s'en forme une nouvelle pouvant être récoltée ; c'est celle-ci qui constitue le liège de reproduction.

La première opération a pour objet l'enlèvement du liège mâle, c'est-à-dire le démasclage. L'arbre ne peut être démasclé avant 30 ans. 10 à 12 ans après, il donne une première récolte de liège. Il continue ainsi à produire du liège marchand pendant 8 ou 10 autres périodes de 10 à 12 ans, à l'expiration desquelles le sujet manque de sève et doit être abattu.

Ce ne fut qu'en 1846 que l'Administration forestière fit faire, par quelques-uns de ses agents, une étude préalable des ressources qu'offraient les forêts de chênes-liège, dans les régions occupées, à cette époque, par nos troupes.

Ces agents estimèrent à 300 arbres par hectare la densité des peuplements. Chaque arbre devait produire, tous les huit ans, 10 kilogrammes d'écorce marchande, soit : 3.000 kilogrammes à l'hectare ou 375 kilogrammes par an. Ces évaluations, dont l'expérience a montré l'exagération manifeste, servirent de base aux arrangements conclus entre l'Administration et les premiers exploitants de nos forêts algériennes.

L'Administration avait résolu, en effet, de donner, pour une certaine durée, des lots de forêts à des fermiers. Les bois de La Calle furent choisis pour cet essai. Ils furent partagés en trois séries d'exploitation de 2.000 hectares chacune. La première série devait être aménagée par le service forestier ; la deuxième fut concédée pour seize années, moyennant redevance, à charge, par le concessionnaire, d'effectuer, sous la surveillance des agents forestiers, le démasclage des arbres, de nettoyer le sol des broussailles, d'ouvrir des routes, etc. La troisième série fut concédée, dans les mêmes conditions, à un fermier.

L'administration n'exploita jamais la région qu'elle s'était réservée. Quant aux deux fermiers, ils abandonnèrent leur entreprise : le premier après s'être ruiné, le second après avoir vainement essayé de réunir les capitaux nécessaires.

Ce premier échec amena l'Administration à prolonger la durée des baux et à les porter à 40 ans, pour permettre aux concessionnaires de rentrer dans leurs frais. (Cahier des charges de 1849.) 34 lots, formant un total de 138,247 hectares, furent concédés à divers industriels.

Malheureusement, les promesses de bénéfices qui résultaient des publications faites par l'Administration étaient illusoires et les charges que les concessionnaires avaient acceptées en prévision de ces bénéfices étaient excessives. Le mode d'exploitation imposé par l'Etat (exploitation en coupes réglées de 8 ans) était impraticable, en sorte qu'en 1862, l'Etat dut reviser le Cahier des charges de 1849.

Un décret du 29 mai 1862 porta la concession à 90 ans, modifia le mode d'exploitation et réduisit la redevance à payer à l'Etat.

C'est vers ce moment que commence une période néfaste pour les concessionnaires des forêts. De 1860 à 1863, 120,433 hectares de forêts sont atteints par l'incendie dans le seul département de Constantine. Les concessionnaires éprouvaient une perte que la Commission spéciale, nommée par le Gouvernement pour rechercher les causes du sinistre, évalue à 1.214.758 francs.

L'Administration frappa les tribus, coupables d'avoir allumé les incendies, d'une amende collective qui devait être consacrée à indemniser, en partie, des conséquences du sinistre, les fermiers. Mais l'Empereur, lors de son voyage en Algérie, en fit remise aux coupables.

Ceux-ci reconnurent cet acte de générosité en allumant, en 1865, un incendie qui couvrit l'Algérie entière et qui détruisit, le même jour, 27,000 hectares de forêts en cours de production ou sur le point de produire.

Il fut établi, cette fois encore, après enquête, et la similitude des incendies le prouvait suffisamment, que l'on se trouvait en présence d'un crime exécuté avec ensemble et concert. Craignant de voir périodiquement disparaître le fruit de leurs travaux et d'engloutir les capitaux considérables qu'ils avaient engagés dans l'exploitation des forêts algériennes, les concessionnaires manifestèrent au gouvernement l'intention de demander la résiliation de leurs contrats et la réparation du dommage qu'ils avaient éprouvé.

C'est alors que, prenant en considération les mécomptes des fermiers, les pertes que leur avaient causées des incendies répétés et pour leur donner aussi la possibilité de rentrer dans leurs déboursés, le Gouvernement proposa aux concessionnaires de leur vendre, sous certaines conditions, les forêts qui leur avaient été affermées pour 90 ans.

Un décret d'août 1867 fut un premier pas dans cette voie ; mais ce décret, qui concédait gratuitement les forêts atteintes par le feu et qui faisait payer les parties de forêts non incendiées à un prix excessif, n'était favorable qu'aux concessionnaires dont les forêts avaient été à peu près totalement brûlées. Quatre concessionnaires seulement se mirent en mesure d'en profiter.

L'Administration dut, en conséquence, reprendre la question. Elle la trancha définitivement par le décret du 2 février 1870.

D'après ce décret, il fut fait cession gratuite aux concessionnaires :

1° Des parties de forêts, déjà mises par eux en valeur, atteintes par le feu du 1ᵉʳ janvier 1863 jusqu'au 30 juin 1870 ; du tiers des forêts ou parties de forêts non atteintes par le feu. Les deux autres tiers furent cédés au prix de 60 francs l'hectare, payables en vingt annuités à partir de la dixième année qui suivrait la vente et à raison de 2 francs par hectare et par an, pendant les dix premières années, et de 4 francs pour les dix dernières ; en même temps, et afin de donner aux acquéreurs qui viendraient à être brûlés la possibilité de se libérer de leurs prix de vente, le décret du 2 février 1870 a institué une caisse de fonds communs, alimentée par une cotisation de 0 fr. 50 centimes par hectare et par an, à la charge de tout propriétaire, à payer annuellement pour chacun des hectares vendus et même après qu'ils auraient acquitté la totalité de leur prix d'achat.

C'est à ces conditions que furent aliénés 152,411 hectares de forêts de Chênes-liège qui avaient fait l'objet de contrats d'affermage.

S'il est une opinion accréditée, et nous la trouvons jusque dans le rapport que M. Burdeau a consacré au budget de l'Algérie, c'est que les concessionnaires de forêts ont réussi à se constituer, aux dépens du Domaine de l'Etat, un revenu considérable ; la vérité est, qu'un grand nombre de ces derniers se sont ruinés, en essayant de mettre en valeur, dans des conditions économiques déplorables, les forêts qui leur ont été concédées ; d'autres ont engagé des. capitaux énormes dans cette entreprise ; bien peu d'entre eux en ont retiré, en retour, des profits.

En aurait-il été autrement, qu'on ne doit pas craindre, ainsi que cela se voit très souvent, que des Sociétés s'enrichissent. Le succès appelle le capital ; il n'est que temps que l'Algérie, qui a été trop souvent le théâtre d'opérations avortées, d'espérances déçues, se réhabilite et devienne un champ fertile pour l'agriculture et l'industrie.

Si l'on va au fond des choses, on ne s'étonnera pas outre mesure de cet échec des propriétaires forestiers. A peu d'exceptions près, les forêts concédées sont à une distance considérable des ports d'embarquement ; pas une seule route ne les y rattachait, du moins au début.

Ils ont dû ouvrir des chemins sur leurs concessions, construire les bâtiments nécessaires à leur exploitation, amener sur place tous les matériaux à des prix excessifs.

Durant les premières années de leur installation, ils ont eu à lutter contre le banditisme indigène, contre les maladies qui décimaient le personnel spécial qu'ils avaient dû faire venir de la Métropole, contre tous les fléaux, en un mot, qui ont assailli à l'origine notre colonie africaine, et en outre, contre le pire de tous, l'incendie.

Que l'on ajoute à ces causes d'insuccès les dépenses considérables qu'exige la mise en valeur des forêts de chênes-liège (coût de transports à effectuer à dos de mulet, débroussaillements, démasclages, établissement de tranchées séparatives contre l'incendie), et l'on s'expliquera que cette œuvre de longue haleine n'ait pas encore été rémunératrice pour ceux qui ont osé l'entreprendre.

Cet échec des concessionnaires n'a pas détruit les illusions de l'Administration ; elle évalue à 8 ou 10 millions le total auquel pourrait monter progressivement le revenu annuel de ses forêts de chênes-liège, après une douzaine d'années de mise en valeur, et moyennant une dépense annuelle de 1.500.000 francs.

Encore cette estimation provient-elle d'esprits timorés ; de plus hardis vont jusqu'à 20 millions.

Il serait facile de montrer, comme l'a fait M. Charles Benoist dans son *Enquête Algérienne*, que ces évaluations fantastiques ne se discutent pas. Mais n'oublions pas que l'Administration forestière s'est fermé toute issue par ses exigences et ses tracasseries : elle est réduite à exploiter ses forêts.

Où trouverait-elle, d'ailleurs, à l'heure actuelle, des personnes consentant à prendre à bail les forêts de chênes-liège ?

Elle avait imaginé, il y a quelques années, de revenir aux baux à court terme ; elle concédait pour 14 ans, moyennant certaines conditions déterminées, l'exploitation de lots de forêts. Mais les capitalistes qui s'étaient engagés dans ces sortes d'affaires ont éprouvé de tels déboires que plus d'un hésiterait à renouveler son bail. On ne trouverait, à l'heure actuelle, que des gens notoirement insolvables pour consentir de nouveaux traités de ce genre avec l'Administration.

Aujourd'hui le service des forêts a pris à son compte la lourde charge de récolter et de vendre directement ses récoltes. Comment peut-elle surveiller ses préposés, mettre en valeur les forêts domaniales de chênes-liège, récolter et vendre directement ses récoltes, et enfin entretenir dans ses forêts le personnel qu'un concessionnaire est forcé d'y maintenir pour parer aux risques d'incendie ? Par le fait du départ obligé de tout le personnel et des chantiers d'ouvriers européens et indigènes après les démasclages, les forêts restent sans défense dans la période la plus délicate de l'existence du sujet.

L'Administration semble avoir perdu de vue qu'en outre des soins permanents à donner à des massifs peuplés de chênes-liège, la récolte notamment doit se faire, non par coupes réglées, mais par jardinage ? L'exploitation d'une forêt de cette espèce a beaucoup plus de rapport avec une culture industrielle qu'avec l'exploitation d'une forêt ordinaire.

Toutes les difficultés que l'Administration semble avoir à peine entrevues commencent à se dresser devant elle.

Certes ces difficultés ne sont peut-être pas insurmontables ; mais il sera d'autant plus aisé de les vaincre que le Gouvernement général aura les moyens de donner son concours direct à la réalisation d'un programme quelconque. Il ne saurait être question de détourner le service forestier de sa mission naturelle, mais il n'est pas moins indispensable de l'associer plus étroitement à l'œuvre qui est l'œuvre principale du Gouvernement général : celle de la colonisation.

Les deux services, et ce n'est là qu'un exemple de ce qu'on pourrait obtenir de la coordination de tous les efforts sous la haute impulsion du Gouverneur général, les deux services de la colonisation et des forêts se prêteraient un mutuel appui en vue du résultat à obtenir.

Actuellement d'immenses espaces boisés s'étendent dans certaines régions et séparent, par une sorte de muraille ininterrompue, les centres de population les uns des autres, alors qu'il faudrait faire circuler, à travers ces massifs, la vie et l'activité européenne.

Il suffirait pour cela de prélever, sur les terrains dont le reboisement est impossible et qu'il y a lieu de désaffecter, les superficies nécessaires à la création de villages forestiers ; on les peuplerait d'éléments empruntés aux régions de la France où s'exerce l'industrie du liège, et fourniraient ainsi, à l'Administration, le personnel dirigeant dont elle aura besoin pour la mise en valeur des massifs de chênes-liège.

Avec la tendance qui prévaut actuellement et qui est nettement hostile à toute nouvelle aliénation du domaine forestier de l'Etat, il est possible qu'il ne faille rien moins que l'intervention énergique du Parlement, pour faire décider qu'un certain nombre de parcelles peuplées de chênes-liège, après leur division en lots de 50 hectares ou plus, pourraient cesser d'être soumises au régime forestier et servir à la création de centres de colonisation.

Nous l'avons déjà dit, qu'on nous pardonne de le répéter trop souvent : les soins qu'exige la mise en valeur des forêts de chênes-liège sont des soins de tous les instants ; n'y eût-il à redouter que l'incendie, qu'il faudrait fixer, auprès de chaque groupe de bois, une population sédentaire, qui trouverait toujours à s'occuper dans les forêts et pourrait se porter rapidement sur les lieux menacées, intéressée qu'elle serait directement à s'opposer, avec la plus grande énergie, à la propagation du fléau.

Au lieu de cela on aura, et pour toujours, si l'on n'y prend garde, des massifs perdus au milieu des tribus indigènes, abandonnés, sans défense possible, à tous les risques de destruction que cet isolement leur fera nécessairement courir.

La constitution d'une petite propriété forestière aurait pour résultat une rapide mise en valeur du sol concédé, et l'Etat retrouverait, sous forme d'un impôt, qu'il serait facile d'établir après une période d'exemption suffisamment longue, le bénéfice que l'exploitation directe ne lui donnera certainement pas.

L'Etat qui resterait encore, après tout, le plus grand propriétaire de bois de chênes-liège, ferait, en somme, dans ce système, ce que certains concessionnaires de forêts ont été amenés, par la force des choses, à faire sur leurs domaines.

Ce n'est qu'au prix d'efforts considérables, de sacrifices ininterrompus, secondés par l'intervention non contestée du chef de la colonie, que les forêts de chênes-liège deviendront productives.

Un bois de cette essence, à l'état sauvage, n'est qu'un capital mort, susceptible d'être vivifié par des travaux de demasclage, de débroussaillement, de constructions, de frais de surveillance, et de plus, exposé à d'être anéanti par des accidents, tels que le feu et la mortalité naturelle des arbres.

Un peuplement qui rarement dépasse cent arbres à l'hectare, qui se compose de vieilles écorces, de sujets souffrant le plus souvent des suites d'incendie, le tout enserré par une masse de broussailles vivaces formant d'inextricables fouillis, semé de nombreux vides ; ajoutez à cela une contrée montagneuse, de difficile accès, dépourvue de routes ou de voies de vidanges, et vous aurez l'image d'un bois de chênes-liège en Algérie.

Telle est heureusement l'énergie réparatrice de la nature africaine que ce bois, si déchiqueté et si misérable, se régénère à vue d'œil, dès que les causes de destruction, c'est-à-dire le feu et le pâturage abusif, en sont éloignés.

V. — CONCLUSION.

Nécessité de mettre fin au système des rattachements. — Opinions en faveur de cette suppression.

Nous avons suffisamment manifesté nos préférences pour un système d'exploitation de chênes-liège qui associerait l'Etat et les colons dans un commun effort, en vue de la mise en valeur du Domaine forestier en Algérie. Mais combien il est peu aisé d'essayer de remonter le courant qui porte le Service des Forêts à entreprendre lui-même ces travaux ! Aussi nous ne voulons pas insister.

On le voit, la mise en valeur des forêts algériennes est subordonnée non seulement à des travaux considérables à exécuter en forêts (chemins, débroussaillements, démasclage des chênes-liège), mais encore à la création de voies de communication qui doivent être construites tout à la fois en vue des forêts et en vue de la colonisation.

De là, la nécessité de centraliser entre les mains d'un fonctionnaire unique, tout naturellement le Gouverneur, la haute direction de tous les services qui doivent concourir à l'exécution de ce programme.

La remise au Gouverneur de la direction du Service des forêts s'impose également pour les besoins de notre politique à l'égard des indigènes. Il est urgent d'ôter tout prétexte à l'irritation des douars et des tribus qui vivent à proximité des bois domaniaux.

Il faut accommoder le Service forestier de l'Algérie à des exigences qu'il ne soupçonne même pas en France et dont il ne tiendra pas compte, tant que l'impulsion donnée à ce Service viendra directement de la Métropole.

Ce que nous avons dit de la nécessité de renforcer les pouvoirs du Gouverneur général, en ce qui touche au régime forestier d'Algérie, de lui donner les attributions qui découlent de la suppression des rattachements, de couper court à l'application de procédés barbares et de pénalités excessives, dont sont l'objet les indigènes vivant en pays boisés ou soumis indûment, sans la moindre utilité, au régime forestier, tout cela, disons-nous, est démontré avec bien autrement de netteté, de force et de concision, par M. Le Moigne, dans son rapport à la Commission du budget de 1900.

Permettez-nous de remettre sous vos yeux des passages de ce magistral rapport, à propos du décret, toujours en vigueur, du 19 mars 1898. Par ce décret, le Ministère de l'Agriculture se trouve substitué au Gouverneur général en tout ce qui touche au Service des forêts.

Ce dernier ne peut pas même s'opposer à des mesures qui sont considérées comme impolitiques, telles que l'emploi, vis-à-vis des indigènes, de procédés absolument injustes, condamnables, qui, s'ils se perpétuaient, amèneraient infailliblement des agitations, des troubles qu'il pourrait être difficile de réprimer.

Tous les hommes politiques qui, depuis plusieurs années, se sont occupés de la question, s'accordent à déplorer les inconvénients de cette fâcheuse situation.

Voici comment s'exprime M. Le Moigne : « Le 15 mai dernier, l'honorable M. Barthou, avec son autorité et son expérience, disait à la Chambre : « En ce qui concerne les forêts, je ne veux pas refaire une fois de plus l'histoire des difficultés qui se sont élevées, dans tous les Ministères, entre le Gouverneur général et le Ministère de l'Agriculture ; j'indique simplement que le décret du 18 mars 1898, s'il a augmenté, au point de vue du personnel, les attributions du Gouverneur général, me paraît être encore insuffisant. Pour ma part, je demande à la Chambre, — et j'appelle sur ce point l'attention de la future Commission d'enquête, — qu'on en revienne à ce système plus simple qui était indiqué par Jules Ferry et qui résulte du décret du 15 septembre 1873 : *le Service forestier de l'Algérie rattaché au Gouvernement général.* »

« Espérons, ajoute M. le Moigne, que ce Conseil si sage sera écouté ; mais peut-être se passera-t-il encore quelque temps avant que le Gouvernement ait la possibilité de régler enfin la question et de faire disparaître en même temps ce budget spécial, séparé du service propre de l'agriculture et qui donne, avec quelques autres similaires, au Budget algérien, un aspect que nous ne nous permettons pas de qualifier de chinois.

« En attendant, nous avons considéré comme un devoir de signaler à la Chambre certains modes de procéder auxquels l'Administration forestière s'est toujours refusée à renoncer et qu'il nous paraît dangereux de continuer plus longtemps.

« Il faudrait un volume spécial pour exposer et discuter la question forestière en Algérie ; le Parlement en a été bien souvent saisi. Nous allons essayer de résumer en quelques lignes un point spécial. »

Et l'éminent rapporteur passe en revue les différents abus auxquels ce régime hybride donne lieu constamment.

« A la page 26 de son rapport sur le Gouvernement général, ajoute M. Le Moigne, Jules Ferry a montré qu'avec le Code forestier en vigueur, tel qu'il est appliqué, l'*indigène forestier, le plus souvent sans le savoir, est toujours en état de délit. Voici :* disait Jules Ferry, *qui touche à l'odieux.*

« L'indigène voisin des forêts a l'habitude séculaire de cultiver à sa mode primitive, dans les clairières des forêts, un peu d'orge ou de blé. S'il le fait sans avoir payé la location, il n'est pas condamné pour avoir labouré sans permission, mais, aux termes de l'article 144 du Code forestier, comme s'il avait enlevé toute la terre qu'il a labourée, avec des bêtes de somme ou des charrettes.

« L'amende qu'il encourt de 5 à 15 francs par bête de somme, lui revient au moins à cinq mille francs l'hectare sans compter les frais.

« Jules Ferry a signalé le fait en 1892 ; nous avons voulu savoir si cette étrange jurisprudence était toujours appliquée et nous avons demandé à M. le Gouverneur général de nous communiquer quelques-unes des propositions de transaction qui lui avaient été soumises.

« Dans l'énorme dossier qui constituait les délits forestiers comportant une peine de plus de mille francs (les seules soumises à l'homologation du Gouverneur) correspondant au mois de septembre dernier, nous avons relevé les espèces suivantes :

N° 523. — *Nouï*, cultivateur au Telagh (mixte). (Extrait du procès-verbal.)

« Nous avons constaté... qu'une parcelle de terrain d'une

« contenance de quatre hectares avait été labourée en délit et
« ensemencée en céréales par le nommé Nouï...

« Cet indigène a été prévenu par nous à plusieurs reprises
« différentes d'avoir à payer une redevance de 10 fr. l'hectare, ce
« à quoi il n'a tenu aucun compte (*sic*). Nous estimons à 400
« charges de bêtes de somme la terre remuée par la charrue...

« Nous estimons, en outre, qu'il y a eu dommage causé à la
« forêt, la charrue ayant porté préjudice en détruisant des rejets
« de souches pouvant à l'avenir en couvrir la surface ; mais le
« labour se trouve en plaine. »

« Et dès lors, l'Inspecteur estime que le délit a une certaine
importance.

« Nouï n'est pas délinquant d'habitude ; il jouit d'une bonne
réputation ; il a soixante-cinq ans, est marié, a neuf enfants et
son avoir peut être évalué à 650 francs en capital.

« Il a été condamné par le tribunal de Bel-Abbès à deux mille
sept francs, cinquante centimes d'amende.

« Nous ne pouvons pas comprendre comment l'Administration forestière avait eu l'idée de faire payer une redevance de
labourage dans un terrain où se trouvaient assez de rejets
de souches pouvant à l'avenir recouvrir la surface. Moyennant
10 francs par hectare, cette administration admettait donc que
l'on pût licitement causer un dommage à la forêt, et un dommage d'une certaine importance.

« Mais lorsque les indigènes ont été condamnés par les tri-
bunaux qui n'en peuvent mais (l'art. 463 n'est pas applicable
aux délits forestiers) la bienveillante Administration admet les
indigènes à transiger, elle va même plus loin ; depuis quelques
années, elle étend à la plupart des délinquants la faculté de se
libérer au moyen de prestations, bien qu'au point de vue stricte-
ment légal, cette faculté ne doive être accordée qu'aux insolvables.

« Dans le cas actuel, Nouï a été admis à bénéficier de cette
faveur et à se libérer en nature au moyen de cent treize jours
et demi (deux cent vingt-sept francs, au taux adopté de 2 francs
la journée) et du paiement en argent des frais. La location du
terrain représentait 30 francs d'après l'évaluation administra-
tive. »

Voici encore l'extrait d'un procès-verbal :

N° 521. — *M. Hamoudi*, du Telagh (mixte).

« A labouré et ensemencé une enclave de 3 hectares. Cette
« enclave qui a été bornée par un géomètre, est située en plaine
« et labourée pour la deuxième fois ; le délinquant ayant déjà
« été verbalisé l'année dernière fut prévenu par nous d'avoir
« à en demander la location, mais ne tint aucun compte de nos
« observations.

« Nous évaluons à cinq charrettes par are la terre retournée
« par la charrue, soit quinze cents charrettes.

« Le dommage causé à la forêt est nul, aucune extraction ou
« coupe de bois n'ayant été pratiquée. »

« M. Hamoudi a été condamné par le tribunal de Bel-Abbès
à quinze mille sept francs cinquante centimes (amende et frais).

« Il a soixante et onze ans, une femme et sept enfants ; il possède un avoir évalué à seize cent trente francs ; a été soumis,
a une assez bonne réputation. On l'admet à transiger pour cent
soixante douze francs cinquante centimes ou quatre-vingt-six
journées.

« *La valeur locative est estimée à quinze francs.*

« Nous pourrions citer bien d'autres exemples :

« *Hamza* (n° 525) encore au Telagh, a cultivé quatre hectares
« sans en demander la location. Il n'est pas délinquant d'habi-
« tude ; le dommage causé à la forêt est nul. La location était
« estimée vingt francs. »

« Condamné à deux mille francs d'amende, il est admis à
transiger pour cent treize journées trois quarts de travail plus
sept francs cinquante centimes en argent.

« Six laboureurs à Saint-Cyprien-des-Attafs, ont cultivé illi-
citement, sans d'ailleurs faire de tort à la forêt. Mais les délits
de l'espèce ont été fréquents ; l'Administration estime qu'il faut
se montrer sévère.

« Voici le relevé d'une des condamnations :

Amende	1.836	francs.
Dommages-intérêts	1.816	—
Restitution du dommage causé.	11	—
Frais	44	—

qui devront toujours être payés en argent ; la transaction exigée
est de 192 fr. 70 c., également en argent.

« Les pétitionnaires, dont plusieurs sont chargés de famille,
font remarquer que la récolte a été nulle cette année dans la
région — ce qui est indéniable — et que le prix du terrain est
loin de valoir l'amende qu'ils auront à payer. »

L'honorable rapporteur s'est demandé combien l'Administration des Forêts fait dresser de procès-verbaux et il ajoute : « La
note ci-dessous qui nous a été remise par le service technique
va nous l'apprendre.

« Le nombre de procès-verbaux dressés dans les forêts de
toute la Colonie soumise au régime forestier a été en

1893	de	12.388
1894	de	13.187
1895	de	14.412
1896	de	16.533
1897	de	16.769
1898	de	17.181

« Dans le courant des années 1890, 1891 et 1892, l'ensemble des sommes encaissées à titre de transactions, amendes, réparations civiles et frais, n'a pas dépassé, d'après les recherches faites pour la Commission de revision du Code forestier, 188,000 francs en moyenne par an. En 1897, le montant des transactions versées en argent a été de 50.193 francs; la valeur des journées de prestations s'est élevée à 240.364 francs. En 1898, les versements en argent ont atteint 50.693 francs, le montant des transactions en nature a été de 266.872 francs.

« Et, dans une autre note, le service technique ajoute :

« Cette extension des transactions en nature n'a aucun fondement légal; elle a, de plus, l'inconvénient d'énerver la répression. *Mais elle présente l'avantage d'augmenter le capital forestier de l'Etat par l'augmentation de production des forêts due aux travaux qui y sont faits, de remplacer les chemins arabes par des sentiers régulièrement tracés qui diminuent les frais de transport*, etc.

« Le service technique, qui a trouvé ce système en plein fonctionnement, estime que l'on est allé trop loin dans cette vóie et qu'il y a lieu de se rapprocher de la légalité en diminuant le nombre des transactions en nature. Mais il ne pense pas que l'on puisse revenir *d'emblée* à la stricte application de l'article 210.

« Le service technique n'explique pas suffisamment pourquoi il y a lieu de revenir aux paiements en argent qui, de petits cultivateurs ruinés, font de dangereux prolétaires. Est-ce parce que, malgré toute la modération dont on use, puisqu'il n'y a qu'un procès-verbal par cent hectares (on ne donne pas la proportion par rapport au chiffre de la population riveraine), on se trouve quelquefois dans la situation que signalait un agent des forêts en 1895? « Je remarque, disait-il, que les Ouled-Tarourira auront à fournir cette année pour plus de 21.000 fr. de journées (10.500). Il est possible que le service des forêts n'ait même pas l'emploi, sur place, de cet énorme contingent. » Est-ce parce que l'on veut, à tout prix, accroître les recettes budgétaires? Et pourtant, malgré *l'énervement* de la répression, les incendies, préjudiciables à ces recettes, n'ont pas augmenté depuis 1894, date à laquelle les prestations ont commencé à fonctionner. Est-ce parce l'on ne sait pas utiliser la main-d'œuvre (120.000 journées)? Et pourtant, en dehors des travaux dans les forêts, une circulaire du Gouverneur général, du 30 décembre 1898, inspirée par le service, décide qu'un tiers des journées de prestation pourront être employées à l'amélioration des maisons forestières, en travaux qui consisteront *« dans l'établissement de jardins, plantations de vignes, défrichements et défoncements de terrains, clôtures, assainissements, aménagements de sources, irrigations*, etc. *Il y aura lieu, ajoute la circulaire, de veiller à ce qu'il n'y ait pas d'abus et que les journées ne soient pas employées à des travaux d'entretien qui incombent aux préposés quand ils peuvent les exécuter eux-mêmes.* »

« Tout ce que nous venons de citer dénote, à notre point de vue, un état d'esprit que tous les raisonnements ne sont point encore arrivés à modifier. Persuadée que sa méthode, bonne en en France, doit être également bonne en Algérie, l'Administration forestière, sourde à toutes les observations, poursuit sa voie, mettant peut-être un amour-propre spécial à ne pas vouloir avouer qu'elle a pu se tromper. Comment expliquer autrement que des hommes qui, dans la vie privée, sont humains et généreux, puissent, comme fonctionnaires, sanctionner des cruautés comme celles dont nous avons rendu compte?

« On nous répondra qu'il faut appliquer la loi, que, tant qu'elle existe, il faut la respecter. Mais on a été déjà, pour les transactions en nature, forcé d'adoucir les exigences du décret du 21 décembre 1859. Rien ne s'oppose à ce qu'au lieu d'une proportion mathématique appliquée aux transactions par rapport aux condamnations, on n'arrive, si on le veut bien, par des tarifs à l'occasion plus modérés, à concilier l'intérêt des forêts, la justice et l'humanité.

« *Est-il besoin de répéter, comme tant d'autres l'ont fait avant nous, que la répression à outrance, en Algérie, a donné sa mesure, et que les procédés de l'Administration réussissent si peu, que les forêts de l'État sont un dangereux voisinage pour celles des particuliers, puisque c'est des premières que viennent, presque toujours, les incendies?* »

Là s'arrête la citation que nous venons d'emprunter au rapport de l'éminent député de la Manche, M. Le Moigne.

Pour clore ce bien trop long exposé que nous regrettons de n'avoir su vous présenter sous une forme plus concise, et sous le bénéfice des observations soulevées à l'occasion de la question forestière en Algérie, nous vous proposons de décider qu'il y a lieu de :

1° Provoquer le rattachement, dans le plus court délai, du sevice au Gouvernement de l'Algérie ;

2° Demander l'envoi au Sénat, pour être soumis à ses délibérations, du projet du Code forestier spécial à l'Algérie, adopté par la Chambre des députés dans la précédente session sur le rapport de M. Saint-Germain, représentant d'Oran ;

3° Insister, en ce qui concerne l'exploitation des forêts de chênes-liège, pour que le service forestier, tout en restant naturellement chargé de tous travaux d'aménagement, de protection contre les dangers d'incendie, de la mise en valeur des forêts domaniales de chêne-liége, de la surveillance, soit tenu de procéder à l'adjudication, par lots et en bloc, des lièges de reproduction à lever, après que les arbres, sur lesquels devra porter la récolte, auront été, préalablement, décomptés, dénombrés et marqués d'un signe apparent. (*Applaudissements.*)

La *Réunion* décide que ce rapport et les procès-verbaux des délibérations auxquelles il a donné lieu seront, par les soins de son bureau, transmis à M. le Ministre de l'Agriculture et à M. le Gouverneur général de l'Algérie, ainsi qu'à MM. les Présidents des Commissions de l'Algérie au Sénat et à la Chambre des députés.

EXTRAIT DES STATUTS

Autorisés par Arrêté ministériel en date du 16 Septembre 1898

ARTICLE PREMIER. — Il est constitué sous le nom de « *Réunion d'Études Algériennes* » une association ayant pour objet de grouper, en un commun et amical effort, tous ceux qui s'intéressent à l'Algérie pour la faire mieux connaître, étudier les questions algériennes et défendre les grands intérêts de la colonie.

ART. 2. — L'association s'interdit toute immixtion dans les luttes politiques ou religieuses.

ART. 3. — La Réunion se propose, comme moyens d'action, la propagande par la presse ou la parole; elle organisera des conférences; elle publiera le compte rendu de ses travaux et se tiendra en communication avec les groupements déjà existants en Algérie (Chambres de commerce, sociétés d'agriculture, comités, comices, syndicats agricoles et commerciaux) etc.

ART. 4. — L'association se compose de membres donateurs et de membres adhérents. Les membres donateurs sont ceux qui ont versé une somme de 200 francs au minimum. Les membres adhérents versent une cotisation de 10 francs par an.

Pour faire partie de la « Réunion d'Études Algériennes », il faut être présenté par deux membres de l'association, et être agréé par le Conseil de direction.

Toute société constituée peut faire partie de l'association et se faire représenter par un délégué.

Le dîner mensuel a lieu le 2e mercredi de chaque mois au Grand Cercle Républicain, 30, rue de Grammont, à 7 heures 1/2 précises.

Le prix de la cotisation est de 5 francs.

Les séances, complètement indépendantes du dîner, se tiennent au Cercle, le même jour, à 9 heures.

Les membres qui ne pourraient assister au dîner sont priés de vouloir bien se rendre aux séances.